El verano

por Tanya Thayer

ediciones Lerner · Minneapolis

Es verano.

Hace calor.

Los días son largos.

No hay **escuela.**

Los niños jugamos afuera.

Las familias van de **viaje.**

Los mapaches aprenden
a **cazar.**

Los niños aprendemos
a nadar.

Las cabras cambian
su **pelaje.**

Los niños usamos
pantalones cortos.

Los perros se refrescan.

Las personas se refrescan.

Los pichones crecen.

Las **semillas** crecen.

Preparamos la ropa para
la escuela.

Se acerca el otoño.

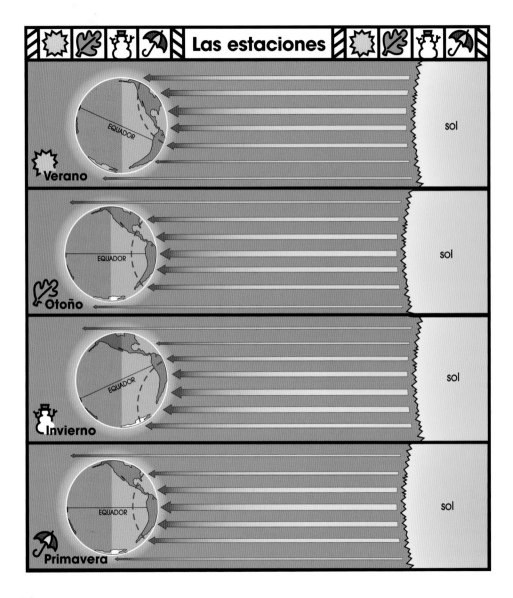

Verano

EQUADOR

sol

Otoño

EQUADOR

sol

Invierno

EQUADOR

sol

Primavera

EQUADOR

sol

Las estaciones

La Tierra gira alrededor del Sol y recibe su luz. Cuando el sol pega más al norte del ecuador, es verano en los Estados Unidos.

Durante el verano recibimos mucha luz del sol. Además, los días son más largos. Cuando hay más luz durante el día, hace más calor.

Datos sobre el verano

En algunas partes del mundo todo el año parece verano.

Hay más luz del sol en verano que en primavera.

Algunos animales pierden pelaje durante el verano. Con menos pelo, están más frescos.

Las personas sudan para mantenerse frescas durante el verano. Algunos animales jadean para mantenerse frescos.

En algunas partes del mundo nunca se hace de noche durante el verano. Tienen sol incluso a la medianoche.

La luz solar fuerte puede quemarte la piel. Cuando juegues al aire libre en verano, usa sombrero y crema para el sol.

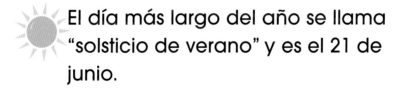

El día más largo del año se llama "solsticio de verano" y es el 21 de junio.

Glosario

 cazar: buscar alimento

 escuela: el lugar al que los niños van a estudiar

 pelaje: el pelo que cubre a los animales

 semillas: la parte de una planta de la que puede nacer una planta nueva

 viajes: paseos a nuevos lugares

Índice